APARIENCIA DE ÁRBOL

EC

EDITORIAL CÁNTICO
LA HORA DE LA ESTRELLA
Colección dirigida por Concha García

cantico.es · @canticoed

© Yolanda Blanco, 2024
© Editorial Almuzara S. L., 2024
Editorial Cántico
Parque Logístico de Córdoba
Carretera de Palma del Río, km. 4
14005 Córdoba
© Prólogo: Sergio Ramírez, 2024
Imagen de cubierta: *Yggdrasill, the mundane tree* (1859)
por Finnur Magnússon. Imagen original de dominio
público de Digital Commonwealth
Falsas guardas: *La tentación* (1880) por William-Adolphe
Bouguereau. Imagen original de dominio público en el
Instituto de Arte de Mineápolis

ISBN: 978-84-10288-03-4
Depósito legal: CO 736-2024

Impresión y encuadernación:
Imprenta Luque S.L.

YOLANDA BLANCO

APARIENCIA DE ÁRBOL

POESÍA ESCOGIDA

PRÓLOGO DE SERGIO RAMÍREZ

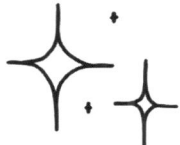

EDITORIAL CÁNTICO
COLECCIÓN · LA HORA DE LA ESTRELLA

SOBRE LA AUTORA

Yolanda Blanco (Managua, 1954) es una figura significativa en la literatura centroamericana, conocida por su poesía que combina elementos de la experiencia femenina, la crítica social y la política. Blanco es parte de la generación de escritores que emergió antes y durante la Revolución Sandinista en Nicaragua. Su obra a menudo explora temas como la identidad, la maternidad, el amor y la resistencia frente a la opresión. Además de su poesía, ha trabajado en la promoción de la literatura y la cultura en su país y ha sido una voz activa en cuestiones de derechos humanos y equidad de género. Es autora de los libros *Así cuando la lluvia* (1974). *Cerámica sol* (1977), *Penqueo en Nicaragua* (1981), *Aposentos* (1985) y *De lo urbano y lo sagrado* (2005), por el que obtuvo el Premio Nacional de Poesía Mariana Sansón, otorgado por la Asociación Nicaragüense de Escritoras (ANIDE). Yolanda Blanco se cuenta dentro del llamado grupo de "las seis" de Nicaragua, junto a Michele Najlis, Vidaluz Meneses, Ana Ilce Gómez, Gioconda Belli y Daisy Zamora, siendo la más joven de su generación. Actualmente reside en Nueva York trabajando como traductora y cultivando disciplinas taoístas.

PALABRAS PARA YOLANDA

Sergio Ramírez

Desde Rubén Darío Nicaragua ha vivido la poesía como un fenómeno cultural orgánico, con descollantes generaciones de escritores en distintas épocas, desde el postmodernismo, con el trío formidable que forman Salomón de la Selva, Alfonso Cortés y Azarías H. Pallais; al movimiento de vanguardia que encabeza José Coronel Urtecho y del que forman parte, entre otros, Pablo Antonio Cuadra y Joaquín Pasos; a la post vanguardia, con Ernesto Cardenal y Carlos Martínez Rivas.

Y de allí hasta la segunda mitad del siglo, cuando las mujeres comienzan a dominar el panorama con nombres como los de Vidaluz Meneses (1944-2016), Ana Ilce Gómez (1945-2017), Michéle Najlis (1946), Gioconda Belli (1948), Daisy Zamora (1950), y la más joven de todas ellas, Yolanda Blanco (1954), autora del presente libro con el que llega por primera vez a los lectores españoles.

La aparición de esta pléyade de escritoras en el panorama literario nicaragüense es un fenómeno inusitado. Se trata de muchachas provenientes en su mayoría de colegios de monjas, que irrumpen en plena adolescencia con una poesía desenfadada y desafiante, que rompe con los tabúes tradicionales impuestos a la condición femenina en la sociedad patriarcal latinoamericana, el primero de ellos el silencio, bajo el supuesto de que no es propio de la mujer escribir, menos sobre sí misma, y aún menos en celebración de su propio cuerpo.

Yolanda, hija de un funcionario del Banco Nacional, ensayó sus primeros poemas cuando aún estaba en las aulas de secundaria del Colegio La Inmaculada en Managua, donde nació, y cuando comenzó sus estudios en la Universidad Nacional en León, los primeros de ellos aparecieron tanto en la revista experimental Taller, que dirigía su profesor, el poeta Ernesto Gutiérrez; como en La Prensa Literaria, que dirigía en Managua Pablo Antonio Cuadra. Su primer libro *Así cuando la lluvia*, apareció en 1974, a sus 20 años.

Se había trasladado de regreso a Managua para seguir la carrera de Humanidades en la Universidad Centroamericana, cuando viajó a Francia en 1976 para seguir un curso de historia del arte en la Universidad de Touraine. A su regreso publicó en 1977 *Cerámica sol*, cuando el país entraba ya en la rebelión armada que terminaría derrocando a la dictadura de Anastasio Somoza en 1979.

La guerra de insurrección, que le tocó vivir de cerca en León, adonde su padre había sido trasladado por el banco, está reflejada en su libro *Penqueo en Nicaragua*, del año 1981, toda una celebración de la lucha guerrillera juvenil. En plena guerra tuvo que emigrar con su familia a Venezuela, donde vivió hasta 1985, y es en Caracas donde se publica su libro *Aposentos* en ese mismo año. Veinte años después, la colección de poemas *De lo urbano y lo sagrado*, publicada en 2005 en Managua, ganó el premio Mariana Sansón, convocado por la Asociación Nicaragüense de Escritoras, ya cuando ella vivía en Nueva York, donde siempre reside.

Esta antología *Apariencia de árbol* está formada por estos cuatro libros, o más bien por una selección de los cuatro, hecha por la propia autora; y es así como podemos ver este árbol de su poesía, crecido a lo largo de medio siglo, echar primero sus raíces juveniles y alzarse luego de manera frondosa a los vientos en el paisaje literario latinoamericano.

A través de estas páginas el lector podrá examinar la aventura verbal de una mujer comprometida con las palabras, que desde sus tiempos de estudiante va ensayando reflejarse ella misma en el espejo de su país, de cuyo barro está formada su poesía. Primero, asentándose en su propio entorno natural, en lo que podríamos llamar un acercamiento telúrico, definido en el paisaje.

Nicaragua, un país tropical de violentos contrastes, selvas nutridas en el Caribe, ríos caudalosos, llanuras ardientes, y una extensa cordillera volcánica en el Pacífico, no tiene más que dos estaciones en el año, la del verano seco y caluroso, y la de las lluvias, que determinan los ciclos agrícolas, y que en Nicaragua llamamos invierno.

Y el invierno de aguaceros viene a ser el primer llamado que la naturaleza hace a las palabras de Yolanda, el agua nutricia que reverdece los campos y reverdece la vida, como lo vemos en su libro inaugural, *Así cuando la lluvia*, el agua lustral que es también una invocación a la sensualidad.

Y de la sensualidad telúrica pasará en *Aposentos* a la sensualidad del cuerpo, la mujer que se descubre a sí misma como expresión de la naturaleza viva, la función fisiológica como una expresión lírica.

Se trata de una poesía muy nicaragüense, que trasciende el color local, y logra expresar una identidad literaria muy propia, valiéndose de la sonoridad de las palabras apuntaladas en la cadencia de las toponimias; y en su entonación lírica toma cuerpo también la herencia ancestral de los cantos aborígenes que son invocados en la textura de los poemas, atrayendo todas esas voces antiguas hacia la modernidad.

La madurez de su expresión poética llega con el libro que cierra esta antología, *De lo urbano y lo sagrado*, donde cada uno de los poemas que lo componen obra como una pieza de relojería, trabajada con afán experimental, pero de manera laboriosa, sin descuidos ni concesiones. Es una especie de ajuste de cuentas consigo misma, donde fluyen las vivencias del pasado, y las experiencias de la juventud vuelven delante de ella transformadas en experiencias verbales.

Allí encontramos poemas memorables dentro de esa persecución constante de la palabra justa, sin la cual no hay poesía verdadera, y que yo apuntaría en poemas como *Serenata con luna*, un hermoso homenaje al músico Julio Max Blanco, su tío paterno, quien llegó a ser director de la orquesta más famosa de su tiempo en Nicaragua, y que llevaba su nombre.

Hay que mencionar también el poema *Al alimón sobre el cuerpo y la obra de Federico García Lorca*; y, especialmente, *De lo urbano y lo sagrado*, el poema que da título al libro: la remembranza, contada como una crónica, de las estancias en Nueva York de los poetas nicaragüenses Rubén Darío, Salomón de la Selva, José Coronel Urtecho y Ernesto Cardenal, y la de la propia autora. Todo un itinerario memorable, cada uno enlazado en su propia historia, un siglo que va desde 1893, cuando Darío encuentra a José Martí en Nueva York, en viaje hacia Francia, hasta 1985, cuando Yolanda llega a asentarse, por extraño destino, en la "desarbolada sabana" de Gotham.

Un destino, el de la poesía, el suyo, que se cumplen en su vida y a la vez en las palabras.

SELECCIÓN DE

ASÍ CUANDO LA LLUVIA

1974

LLUEVE
en Teotecacinte[1] Cusmapa
en Tepesomoto Cuspire Saslaya.
Grandes charcos
cubrieron los caminos del Sinecapa,
el Tule Yaoya y Mayales.

Si vas a Limay llevá capote[2]
y también llueve en el Macuelizo
en Ciminguasca y Alcayán.

Todo es verdecito en Tisey en Totumbla.

Garúa en Güisisil.
Truena en Yeluca y Apají.
En Nandasmo temporal seguido.

Me he mojado en toda Nicaragua.
Ya llueve.

VENÍ, LLUVIA, VENITE
dejate venir hasta cansarte
correte por estos lados
después más para allá
date gusto, agüita,
son todos tuyos los campos
solo por vos
esperan abiertos los surcos.

Las gotas
como letras
me han perforado el cuerpo
reventándome por dentro
buscando un rincón donde sembrarse.
Las letras
como gotas
saben el camino hasta mis labios:
                    se florecen
                    me están subiendo.

LA LLUVIA
me salpica de hojas
los pies descalzos,
río
siento cosquillas
olorosas a humedad.
La lluvia
me salpica
de gotas despiertas
todo el cuerpo.
Gozo
la lluvia es mi amiga,
su saludo me alegró
toda una tarde
y me regaló un recuerdo.

LA BRISA
la lluvia
la garúa
todo ese montón de agua
ese aguacero
lo siento
sabroso
en mi cara y en la garganta.
Reúno las
gotas
que no se me escapan de los dedos
y las engarzo
una a una
como a piedras falsas
como besos
y palabras.

ME PREGUNTABA
por qué eran
todos monótonos
los días
iguales.
Siguiéndote, lluvia,
el rastro
descubrí su color.

FLORECEN LOS CAMPOS
de agosto
con el agua,
el zacate
crece
y el ganado
masca suavecito.

Llueve a la manera
de octubre somnoliento.

Acordes menores puntean
las gotas guitarras
regando recados
por todas las calles.

Llueve todo
un viejo bolero.

Tímida
después
me asomo
de brocal en brocal
entre charcos
preguntando.

NIÑA
jugando con el agua fresca de lluvia
muchacha
distante y despaciosa
lejos
triste
y entonces ensimismada
¿cómo pueden
estas gotas resbalosas y frías
devolverme la risa
y traer a mi lado la alegría?

Ya estoy
ya soy
la lluvia empapa
mi alma
y mis labios rojos.

GOTAS TRAVIESAS
jugaron a la lluvia
anoche
en mi ventana.
Jugaron
a la risa
y a los rizos.
Gotas traviesas
me lavaron hoy
la cara.

Resbala
en mi mano
la gota que ayer
recorría
la palabra rocío.
Han pasado siglos
y yo
estatua
sigo sonriendo.

El tiempo gris
de las lluvias
llama
al modo sincero
del amor.
Basta te digo
una gota de agua
que me acurruca
a ti —suave   necia
leve   pertinaz—
para saber de tu calor,
de tu cuerpo
cerquita
que rodeando mis hombros
me calienta.

RECOGIMOS ANOCHE CUANDO BRISABA
13 gotas de agua
de lluvia
13 gotas pálidas
lucias delgadas.
13 gotas
como 13 grillos cantando.
13 gotas de agua
piedras hierbas y lama[3].
    Todo lo guardamos
en el guacal[4] combo de los labios
      todo.
  ¡Sabes que esto
me recuerda tanto la infancia
tanto mi niñez
ahorita
aquí
en la palma de mi mano!

UNA CALLE
remojada por la lluvia
me recordó
un beso
empapado por la lluvia.
Basta
ese algo
para asombrar
mi voz.

Necia yo
si un día desprecié
mi apariencia de árbol.
Palpo ahora mi cuerpo de hojas,
de ramas y de agua,
siento en mis labios riendo
coludos[5] pequeños y begonias.
Sé que soy de lima,
de mimbros[6],
de pitahaya[7],
que soy de cepas[8].
Y así voy, crezco y me levanto.
Yo
Yolanda
quiero agradecer
borrar de mí ese pasado.

ME HE PROPUESTO
llegar con mi canto
a las hojas secas.
Me he propuesto
arder
con su brillante lumbre
en la campestre hoguera.
Y siempre el hechizo
a mi lado
siempre el mismo cosquilleo.
Y yo expectante
adivinando
entre los árboles
la frutal esencia,
el amor que aguardo
como jugoso níspero.

SON
un reto para mí,
árboles:
Quiero con sus nombres
la fruta a punto
la resistencia negra.

Sɪ ᴀʟ ᴀɢɪᴛᴀʀ ʟᴀꜱ ʜᴏᴊᴀꜱ
los árboles me saludan,
quiero agradecerlo:
Soplen versos
el mismo viento
que remueve mis cabellos.

CUANDO AL MEDIODÍA,
entre los olorosos besos
de los guarumos[9],
las ramas se retratan
en la tierra,
fructifico
lo suave de los versos
en la envidiable presencia
de los árboles.
Así
revientan savia
y me aruñan
cosquillosamente.

PERDONAME
esta felicidad,
árbol pintado.
¿Sabés?
quisiera
levantar la mano
y prolongarnos alto
sin esperar
siquiera a que esos colibríes
nos ayuden a trepar.
Estoy traviesa
me siento dueña
de cada risa
que sospecho
en los hoyitos de tu tronco.

¿CÓMO TE LLAMAN?
no te conozco, árbol.
No voy a cortar de ti frutos,
solo quiero saludarte,
oír crujir tus hojas secas.
Quisiera
—si puedo—
hablarte de otros árboles:
de la sombra de un guanacaste,
de la hoja grande
que tiene un papaturro,
del olor a diciembre del madroño,
del color de amor de los caraos.
Después
—quizás—
pensaré en lo alto que me pareces,
y en la esencia que me robo
al recibir tu abrazo.
Árbol, ¿estaremos a mano
si voy sonriéndole al mundo por ti?

Necesito
que el limón
me preste
un poco de su esencia:
iré derramando
a cada paso
todo ese olor
de limones grandes,
pasaré
fragante
y fresca
como recién hecha.

CAMINÉ SOBANDO
limones
y arañándome los pies
entre
hojas amarillentas
y secas.
Iluminada
por su color,
voy sonriendo.

Estás muy joven
para cortarte.
Ya hueles
es cierto
como a madroños
como a mameyes[10]
y me estás invitando
a besarte.
¡Ah, ponte a punto,
muchacho!

No hieras
con tus ramas
a ese muchacho,
árbol:
retenlo
como a luz última del sol
florécelo
y vuélvemelo
fruta
desmoronable[11]
a los labios.

QUE SEA AHORA
que sea
porque yo junté
cáscaras de limones frescos,
mameyes maduros
y de la corteza de un tronco
raspé
la aspereza negra.
Que sea pues,
que me envuelva,
que lo sienta.

No están acostumbrados
los ríos
a mis gritos
tan sin riendas.
No importe;
que se prepare
tu oído.

Café de guayabo, de ceibo[12],
cacao de madroños esbeltos,
chocolate moreno de malinches[13] y palmeras,
y tierra de madreselvas[14].
Tantos tonos
en el lomo de un ternero,
tantos,
y desperdícianlos mis ojos.

ESTOS POSTES
fueron ayer
floridos madroños.
Hoy
ya no conocerá diciembre
de sus blancas flores.

No me regañen,
pájaros roncos.
Mis pesados pasos
me delatan
soy una intrusa
lo sé.
Pero cómo quisiera
treparme a ese
árbol
y volverme una rama.

No huyan de mí,
patos silvestres,
no se alejen
déjenme sentir
por un momento
que soy
una más de ustedes
déjenme aquí
denme lugarcito
para zambullirme
en ese charco
déjenme espulgar
en mis alas verdes
déjenme así.

De entre
las hierbas espigaditas
saltan
grillos
y
escarabajos.
No se espantan:
soy
como ellos.

ALGO DE MÍ RECONOZCO
en esa florecita blanca
algo de mí se sacude ese pájaro
revoloteando
estoy
lo sospecho
en una piedrita
de ese nido de oropéndolas
me levanto
y me convierto en árbol
me recuesto
y soy una yedra sostenida por un sauce
huelo a mí
en este palito
que destrozan mis dientes
voy en mechas de maizales
estoy amanecida como esa cañada
y soy una hoja seca
que soban los venados
algo muy mío
han transparecido esta tarde
las montañas.

CERÁMICA SOL

1977

PETICIÓN MESTIZA

Óyenos, Isidro Labrador[15],
en tu mano izquierda el sol
y en la derecha el agua,
a mitad pareja, derrámanos sol y agua.

Óyenos, Isidro Labrador,
de nosotros los moradores de tierras parcas,
la primera cosecha vas a recibirnos
recíbenos los frutos mañaneros.

Mismo de la Villa de San Fernando de Masaya[16]
    y de San Juan de Limay.
Mismo de San Francisco de Quajiniquilapa
    y de la elevada San Sebastián de Yalí:
    juntos los moradores de estas parcas tierras
    estamos pidiendo.
    Chirimías[17] acompañan nuestros cantos.

Óyenos, sol de las catedrales.

EL NACIMIENTO DE LA ALEGRÍA

Aquí surgió la alegría florida
de aquí surgió.
Y fue
cuando la delgada lluvia
y el pajizo sol
en la altura redonda del cielo
se sentaron.

Así nació la alegría del tigüilote[18]
y así nació la alegría del cortés[19]
y así estuvieron las frutas en su punto.

EL CARIÑO DEL SOL

Las montañas de mi pueblo
amarillando[20] están de corteses.
Es el cariño del sol,
ese cariño del sol
como el vino,
como vino de maíz,
el otro regalo del sol.

UN MUCHACHO FLORIDO

A un cortés florecido
te asemejas, sol del día.
Y toda tu piel grave
amanecida
se me antoja
de Nindirí[21] o de Telica.

Un muchacho florido
estás vuelto, sol del día
    y yo mujer
      no te sé llamar para el amar
      solo te sé soñar.

PIDIENDO POR EL AMOR

¿Me permites, sol de las mañanas?
Pido para mi amor:
día a día,
color de flor de cortés,
alumbra ante mis ojos
las barbas del que quiero.

Permite, sol de mis padres, el favor
y estaremos dos
mañana en la montaña,
dos en la ferviente montaña.

SE PRESENTA AL AMADO

Pinta el sol
amarilla el sol.

    Del color del cortés
    del color de la miel:

rubio ha tornado
ante mis ojos
al amado.

EL PERMISO DEL SOL

Tiene el amado el permiso del sol.

Tiene el amado una alegría de milpas
          en los brazos

y con ellos:

          rubios sacuanjoches[22] y corteses
          me ha sembrado.

RUEGOS AL SOL POR UN DESCONSUELO

No basta mi angustiado corazón,
humildoso y quebradizo guijarro.
No basta la bebida preparada.

¿Acaso como guacamaya ha volado su corazón suyo?

    Ayuda, sol de las mañanas.
    Detenlo para mí en los corteses.
    Detenlo para mí en los jilinjoches.[23]

No basta mi quebrado corazón.

Ayuda, sol de las mañanas.

EL BRILLO DEL SOL

A posarse sobre el pasto
se desliza rayo a rayo
el solito sol.
Como un amarillo gallo
cruza temprano cielo:
       se está trasladando el sol.

Y desde la montaña tuya hasta la montaña mía
luce su rostro lujado mi amigo el sol.

     Uno ahora mis manos,
     embriagada, caricias recojo:
     yo, ebria de sol,
     entrego su brillo
     las noches al verte.

NACIENDO

Está naciendo mi rostro
se está pintando mi mano:

    Nazco con el sol
    cuando tensa el arco del día.
    Vibro como el día
    surgiendo de los labios del sol.

Acompaño a los dos
en su puntual armonía.

QUE SEA DÍA TODO EL DÍA

Sacudo al árbol de la noche:
que no me cubra al sol.

Imploro al árbol de hojas rojas:
que no se lleve al sol.

Ah, por un momento solo:
¡que sea día todo el día!

VENGA EL SOL A ROBAR LOS CANTOS

Rubio sol que llegas
avasallante hasta mi cara,
reúno espacios de mi cuerpo entero,
los ofrezco ante tu fuerza,
apresurada.

    Venga el sol a envolverlo todo.
    Venga el sol a robarme cantos.

IGUAL QUE BEBIDAS

Ya el sol me abrasa
como miel se adentra
cual cortés florido me viste:

      Canto.

    Notas redondas ensayo
    flores lucientes entrelazo.
    Estoy cantando.

Sol,
que mi voz embriague
igual que bebidas junto a los amigos.

LOS DISTINTOS CANTOS

Se alza la voz
agradece las danzantes milpas.
Ensalza la voz los esbeltos pasos de los variados
árboles.
Los labios de los poetas se están abriendo.
Están levantando sus casas los veranos y los inviernos.
Por eso flores perfumadas vierten las bocas de los que hablan
flores.
Ciertamente de distintas maneras engarzarán los cantos.
Variadas bebidas están preparando...
Así, cuando el florido abrazo,
cuando los hijos del fecundo abrazo.

LÁSTIMA QUE LA ALEGRÍA

Mirad a mi pueblo
el amado del sol:
      bronceada está su tierra por la miel de las milpas
      tostados lucen los ardientes cacaos.

Rápido es el entusiasmo del verano:
         ha pasado el emplumado sol
         ha dejado su abrazo.
Ya bailan embriagados los variados árboles.
Por las noches cantan los soledosos poetas.

Lástima que la alegría no alcanza al calpulli[24] entero
solo a pocos.

SELECCIÓN DE

PENQUEO EN NICARAGUA

1981

DE CÓMO EL PUEBLO AMADO SE LLENÓ DE SANGRE

Hay nombres dulces,
nombres dulces de pueblos dulces.

Y están por toda Nicaragua
        en toda Nicaragua salpicándola
                endulzándola están.

Hay nombres dulces en Nicaragua como los gofios dulces[25]
        y bienmesabes y hojaldres.

Para las fiestas los dulces
        para los días del corazón.

        Oigan los nombres dulces
        de mis pueblos como dulces.
        Oigan Estelí, Masaya, Diriamba,
        Chinandega, Matagalpa: Oigan.

Nombres dados por los indígenas
        como para nombrar a la amada:
                Masaya Amada.

Como para decir al amado:
        Vení, Estelí...

¿¡Y que el bienmesabe llene tu boca de sangre!?
¿¡Y que no sepan más que a odio los gofios!?
¿¡Y que el hojaldre entre tus dientes como las granadas estalle!?

YA NO ES LAMENTO EL DE LOS CHOROTEGAS[26]

Aquellos son los caminos
                          por donde íbamos
                                     y veníamos
escondiendo nuestros miedos.
Aquellos son los caminos.

Y aunque tanto nos lamentamos
volvemos al cabo de algún tiempo
y vemos otra vez nuestro mundo destruido.

Y unos no encuentran a sus hijos.
Y unas no encuentran a su gente.

Pero ahora
es nuestra la Fuerza.
Está con nosotros la Esperanza.

Ya volvimos.
                    Aquí estamos.

                    Y hemos de liberar a la Nicaragua
                    Hemos de traerle la vida.

LOS MUCHACHOS

Salieron como abejas
de un panal
        que se ha golpeado.

Salieron como abejas
defendiendo lo suyo:
        la colmena
             Nicaragua.

Zumbaban esas metrallas
de los muchachos.
Clavaban los aguijones
de sus bombas de mecate.
Esgrimían su sagrada agresión.
Defendían lo suyo
        los muchachos.

LOS CADÁVERES DEL PUEBLO

La muerte ante sus casas
se les disfrazó de Guardia.

Cayeron bajo el horror de los cohetes.
Perseguidos desaparecieron.
Ráfagas de garands[27] los desgarraron.

Chavalos quinceañeros
       veinteañeros
       los muchachos:

Han caído como caen las frutas
cuando están a punto.

Brindaron su sazón a Nicaragua.

EXPLICA UN GUERRILLERO MUERTO

Estamos tan poco en la tierra
que nuestro paso es comparable
al trayecto de las balas
o al acto de amor de las libélulas.

Estamos tan poco aquí en la tierra
que en las montañas del norte de la Nicaragua
nuestros pies apenas hollaron el suelo.

Con mis responsables me convine
canto de güis[28] pasajero
fugaz ráfaga de metrallas.

Y yo
ya no encuentro fuerzas para mi cuerpo
en algún crique[29] helado de Kuskawás.[30]
Ya no responde a mis impulsos
la pistola reglamentaria.
Mi frente lacerada no me permite la boina.
La ingle deforme no me permite el amor.

Ciertamente estamos muy poco aquí en la tierra.

Pero la causa es eterna
está cercana
y es cierta.

A LAS COMPAÑERAS SANDINISTAS

¿Quién tu vientre ha fecundado?
¿De cuándo el útero creció?
¿Con cuánto polvo enamorado?

Compañera,

tu varón se llama Estelí o León
y de amor revolucionario
estás preñada.
Masaya le dicen a la Noche de tu amor
o la Chinandega o la Matagalpa.

Allí fueron las Noches,
tus Noches Transfiguradas.
Noches y días de la Amada en el Amado
transformada.
Del Amado en la Amada transformado.

¡Si el Amado es el Cambio
y la Amada vos!

¡Vos con metralla y guitarra
entregada!

SELECCIÓN DE

APOSENTOS

1985

¡Esos poetas existirán! Cuando se haya roto la infinita servidumbre de la mujer, cuando viva por ella y para ella, cuando el hombre —hasta aquí abominable— le haya devuelto lo suyo, ¡ella será poeta, ella también! ¡La mujer encontrará lo desconocido! ¿Sus mundos de ideas serán diferentes de los nuestros? Ella encontrará cosas extrañas, insondables, repugnantes, deliciosas; nosotros las tomaremos, las comprenderemos.

ARTHUR RIMBAUD
"Carta del Vidente"

ALIÑOS[31]

Cuando marzo sea
Cuando cubra el vello
Cuando la sangre arrime

Purificarán entonces tu vientre
Leche y miel derramarán bajo tu lengua

Habrás subido el peldaño primero
Iniciado tu menstruo.

INICIACIÓN

Y me dio esta oración
para decirla tan solo
a las horas de la sangre:

Aprendo del menstruo
Forjo mi contigüidad con la Luna
De la ubicua Tierra
arranco mi fuerza

Sé que mes a mes hay un hijo que me sueña.

UNOS CROQUIS

I

Dios delineó unos croquis de mujer:

> Heme de frente y de marfil
> Heme de fresa y de perfil

Dudo.
Duro el escoger.

II

Abjuro del vello en el pubis
>   Yo
déspota de mi flora silvestre:
>   hago brotar
>   un durazno.

III

Tuve miedo de mis senos
y los colgué junto a mi sangre

Miradlos:

> Son frutos del pino.

IV

He aprehendido el cuándo de mi piel.
Emprendo vertiginoso río
Hondo cauce
       o rumor tal vez.

Largoroso el curso
Ya desde un límpido kindergarten
me pongo en pie.

V

Me auscultan.

       ¡Y cómo!
       Soy un palo de naranjo
       y voy toda de soles.

       Soluciones dispongo:

       fue el azar
       o los azahares.

VI

Apoyada en lo diestro de mi sangre
como en un día de agosto
ensayo mi asunción

¡Ligera voy
de estrógeno soy!

INVENTARIO MÍNIMO

Con el agua que no bebo
voy construyendo las colmenas
de mi estro

Y el domingo de mi cuerpo
de anémonas tempranas el color tendrá
y fervientes de ron las tabernas

Entonces
un recuerdo honesto de granate
un manantial de felpa
en mí la niña
la chavala.

EL VESTIDO

Inconsútil vestido
visto
Favores lo han construido.
Aflora la piel
las gracias:
A la rueca
A la abeja
A los malvaviscos[32]
A las frutas vivaces

¡Así sea!

EL COLOR

Descubrí
               el tenor del color rojo
Contralto
       tiple
            o soprano

canta alto
canta claro:

al estro estoy llamando.

LA INDEPENDENCIA

Encierro un ordenado despliegue hormonal
                                    de azucenas

Hipervivo
Gemelos cerezos están presos en mí

Son mis gloriosos 15 de septiembre[33]
declarando ufanos la Independencia.

SI ES EL MUSGO

Mis caderas
—dos arcoíris de mimbre—

Mis cabellos
—mil desbocados pegasos—

Yo el Cantar de los Cantares
cantaría

o el Sakuntala
con acento de india sutiaba[34]

si es el musgo
                    que trepa
si me abarca.

LA ESPERA

¿Por qué la luna no viene con su resplandor?
¿Por qué el brinco,
    el son
        el para qué?

¿Por qué el cactus
        la tuna
el pie tan afligido?

Hay lugares imperturbados
donde mi yo
sin pulcras constancias no llega.

Crujen puertas giratorias
Fatigan multilaterales filas

        Yo

migrante mísera
en las aduanas
        espero.

APOSENTOS

Varios ánimos me habitan,
a muchos cuerpos aposento.
Hay quienes les dicen abismo
paridad dicen cuantos:
Vean la casa de mi cuerpo
vean el cuerpo de mi casa con amplias
puertas y ventanas;
techo, alero, cobija,
nidal o hamaca;
casa albergue o caverna,
casa labio o espada;
de cuatrocientos hijos
hospedaje, posada.
De espíritu y ansias
y dudas, poblándome.

Debo decir que hubo estrógenos
y humores cálidos
balanceando el acidulce[35] de mis aposentos:

    Habítenlos

ALQUIMIA

Los nombro:
        Demiurgos
                Duendes
        Oscuros númenes

Argumento:
        Hálito
                Impulso
        Alquimia biogenésica en ellos

¡A mis ovarios alzo

        aquí
        profundo
    alertamente ocultos!

LA VISIÓN

¿Han visto?
¿Lo saben?
    ¡Vi todos los vinos!

Apura
  aprisa
    apronta,
  Ganímedes

  ¡Sírvemelos!

Roja[36] mis encías
Mosta[37]
Criba el paladar
    de vinos
Divino escancia

Apura
  aprisa
    apronta.

DEJEN AL MUSGO

Cubran con sábanas recién planchadas
mi cama
    esta noche

Corten la grama
Riéguenla
Empápenla
Embébanla

Quiero su olor solidario
iniciando mi acaso
Quiero la fruta nueva y no tibia
Desdigo la aspereza del camello
cantándole a las dunas

Entiéndanme:

Dejen al musgo
olvidar la infancia.

INTERIORIDADES

Pulsaba el vigor
de sus 28 jornadas,
la historia efímera de sus
reducidos días.
A pálpitos huroneaba
en vuelco, en vilo,
la nidación íntima:
si bajara sangre
si subiera vida...
Costurando mes a mes
el uterino nido,
sopesando entonces curvas
inmensidades de la cita
en las Trompas de Falopio,
resumo esta minúscula célula mía
si subrayo
     vida
    Y de mis cuatrocientos
posibles hijos
     ¿cómo digo?

PÚBERA

Pubertad formal la mía, de suyo y quietecita:
Hogareando. Presumir de sumo.
Desconocer cómo, ignorar todo.
Así, vergonzante, vergonzoso el
modo de sitiar mi cuerpo,
de apuntalarlo.
Sin clases de puericultura, sin afanes,
debut parco y flaco el mío:

Fue mi acaso en su alba la savia nutricia
fue exactitud de glándula en su punto
fue pituitaria avisada, estrógenos prestos.

Yo tengo para mí, ahora sé
que evaden descaminos los cuerpos.
Tal mi sangre y su crianza.

SONSACA LO PROPIO, SE ALZA

Ombliguea un preciso decir
esta su barriga barriguda
este su tiento

Sonsacona la zagala
secreteando a voces sus recovecos
las prendas íntimas de su pureza
sus predios suyos,

decir quiere del menstruo
decirse enferma
compartirse sucia

Cuántas veces, cuántas,
de pie frente al espejo
proferir silbidos de enmudecida
Y ataviada con la regla y en cuarentena,
al desdoro de la menstruación echar de lado

Entonces, alzar la fuerza de su crianza,
entonces, lo alquímico del sexo.

DEFENSA

Por la tensa calle resuena el piropo
y ahora es ajeno.
Son pasares felinos los que hacen volver caras
a encandilados transeúntes.
De otra son los labios sonrientes, maliciables;
es de otra la melena que, en eco del incienso,
salacidosa,[38] sacude.

Emperifolladas pasan, encueradas.
De aleves tacones oigo el tac
sobre los adoquines.

Pero yo voy con mis orejas plenas
indetenida, jóvenes caminadoras,
extraña al murmullo
los sus aspavientos
o el gesto

Como gata panza arriba me defiendo
de pajarapinteadas niñas
de sus senos opulentos...

ARRUGAS

Hay arrugas en mi frente ahora
Son del tiempo
Del dolo
Del tedio
     De hembra son.

Son arrugas como diciéndome vieja
una fruta pasada
como quebrando mis senos
como frunciéndome el beso
llamándome hacia nada
gritándome
       cállate

Son arrugas menopáusicas
       Mas
si marchitada hembra
       florezco amiga
Si envejecida mujer
       entonces:

       compañera.

COSAS DE MUJER

Fui de niña feliz
creciendo silvestre en mi sexo
sin envidias de penes
sin electras en mi espalda
Fui sabia en infancia
pero hube de crecer
y supe de "cosas de mujeres",
tacitas de café, miedos, no debes,
pañuelos y bordados.
Y aprendí a llorar y eché nalgas.
"Haz hijos pero no libros —se me dijo—.
Cría en vez de crear".
Supe entonces que "mujer que sabe latín
ni consigue marido
ni tiene buen fin."
Y asentí. Y aquí estoy
dando vida sin vivir
entre "buenos días mi amor",
libretas de taquigrafía y
trastes sucios en la cocina.
Madre satisfecha aquí estoy
sorda a las miles de abortantes
que mueren en el país.
Cumplida ciudadana
escupo a los niños que solo llevan

el apellido de la madre.
En fin
soy la entumecida
dejándome hablar
a cambio de hablarles
y ser.

MUJEREMA

Yo, Yolanda
  creada
    nacida mujer
De pie sobre este incierto ochenta y tantos
Yo, insulsa
   pueril mujer
Dicha el macho castrado
el ser de cabellos largos
     e ideas cortas

Oculta de rosa
  de núbil doncella
  de hembra tesoro de mi corazón
  para febricitantes campeones
En cuarentena
   paria
    ilegal de la familia
Ciudadana de segunda
     burócrata sin rango
De repente sortaria de un voto sin boca
A destajo
  trabajadora proletaria
  en pleno subdesarrollo.

Yo entonces
       levantándome mujer
le pido prestado al mono su organillo
y balbuceo:

Doy las gracias por mi sexo
por la luna que rige las mareas mías
por esa sangre mensual vuelta mis hijos
por la apremiante vindicativa de lerdos
vilipendiosos códigos
por mis siglos sumisos de pronto altaneros
por las costumbres sociales que algún día
me devolverán el día

Porque son distintos
          pene   clítoris
            falopios   epidídimos
porque son lo mismo
          retinas   aortas
          cisuras de Silvio
          adrenalinas
          metatarsos   metacarpios

por mi barriga
mis callos
por cada uno de mis vellos
por trepar cuesta abajo
          soñando
            y
        dando con el mazo.

A UNA NIÑA DEL SIGLO FUTURO

Si preguntaras...

Si las burlas...
            ¿Dónde ocultar
            tronco   cabeza   extremidades?

Si mi vientre...
                        ¿Dónde los hijos?

Si la madre...
¿Cuáles encéfalos   aortas
productivas?

Ay, niña mía del siglo que viene
                        inquiridora,

¿Cómo decir
cuánto hablar?

Anfibia soy
Ornitorrinca
Marsupial.

LAS ROSAS VIOLATAS

Virgen de Acahualinca[39]: Torre Sitiada
Niña de Paraparos[40]: Nieve Poluta
Doncella de Sinaloa[41]: Rosa Violata.

Caen las muchas, las tantas
arrastran los yerros de lascivia verde
las demencias enjauladas
la libido de maqueados maletines.

Y el llagado desgarre contra natura
la crudelísima sangre involuntaria
los pechos encogidos para siempre.

¡Ay cuánto!
¡Cuánto escupirlo!
Aherrojarlo.
Lapidarlo.

HOY, AYER

Cuando la menarquia
Cuando el amaranto en mí
enrojeció
            muchas cosas temí
Y fue un abismo
Y fue de jirones que amontoné
                        mis labios
Y fue de felpa que amoblé
            mis huecos.

Pero, amigas,
hablo del recuerdo
recuerdos bajo la lluvia.

        ¡Presto escaleras, muchachas!
        ¡Abran mis manos:
                    llevo estrellas!

Vengan a subir conmigo.

INSURRECTAS

No solo el cactus hiere.
Hieren los ojos vivos
la actitud susana
     los entrecejos

Punza las sienes
     y el pecho
     ese cuchillo para Holofernes

     ¡Ay Judit
          me dueles!

Púrgame entonces
     la inepcia
     las manos rotas.

Mujeres mías
        insurrectas
las Antígona, las Rafaela Herrera[42]
las Luisa Cáceres[43]

     ¡Frunzan mi ceño
     disconforme yo

     názcanme!

NECESARIA NARCISO

No sea quejosa la boca
ni el llanto acuerdes y oprimas
Falta por hacerle paz
a mi nombre
                     nombre de mujer
                     con apellido macho
Faltas, "sexo débil",
                     fortalezas
no regalías: justicia.

Pero qué lejos mi yo
de aquestos dichos pensamientos:

"Si yo fuera hombre
qué hartazgo de luna
de sombra y silencio
me habría de dar".

"Señor el hijo mío
que no nazca mujer".

"Hoy quiero ser hombre
subir por las tapias
hurtar los conventos
ser todo
un Don Juan".

"Hombre pequeñito, hombre pequeñito".

¿Ascender hacia "ellos"?
¿Descender?:

        Los brazos extiendo
        y abrazo.

¿Rehuir de mi sexo?
¿Atarlo?:

        Bendecirlo concibo
        y alzarlo

        Necesaria Narciso
        Ninfa Eco.

PALABRA DE CONQUISTA

Con tu palabra de macho
hablan estos labios míos.

De tu palabra varona
abunda este corazón.

Con la abundancia de tu voz contigua
canté, estoy cantando.

Por la imposición de tu verbo
viví: estéril   menuda   sumisa   escondida.

Dijiste: hembra   párvula   moza
Doncella dijiste, digo.

"Mujer mía", apremiaste
—Tu mujer —accedí.
Nunca agregué: "mi hombre".
Después callé; por los siglos
por la sangre.

Signada por tu verbo de cama y espada
Asechada por esa palabra de conquista
de la que ocultar no puedo

ni la librea
ni el sello.

MUJER LOBA DE LA MUJER

Mujer
          Iguala
                    un espejo entre nos:

Hay un hijo
                    hijos
Hubo
          hombre
                    alienta

Hemos
          bachilleras sin universidad
          analfabetas
          horario de ocho a cinco
          títulos engavetados
          esa novelita rosa
          algún *best seller*
          vanidades
          el último color de zapatos
          muchos trapos entre nos.

Revienta la familia
como las flores en mayo
y procuramos a los hijos
carros   juegos de armar   balones

A las niñas
peines   muñecas y tazas
Y repetimos la maña
de servidos y servidumbre
de sumisas y activos

Ah, mujer loba de la mujer,
¿es dogma que solo has nacido
para lumbre del hogar
y ellos como candil de las calles?

     ¿Te ves?

     Espejo que vuelves espejito
     solaz de tus hijos
     las hijas, hijos e hijas de
     tus hijas
     Per secula seculorum.

METROS

De la historia de los vencedores:

Oriente ella
                    Occidente él
La proletaria ella
                    el patrón él
Ella latina
                    él anglosajón
Los suburbios ella
                    la metrópolis él
Ella es la colonia
                    el imperialismo es él
Nuestra América digamos de ella
de la Europa, él

¿Quién detenta el poder?
¿Quién impone las leyes?
¿Quién dice qué?

¿Y no se ha preguntado
        anglosajón
        imperialista
        metropolitano
        patrón

si mi vara de medir
es otra y no la suya?
¿Si su abajo no es mi encima?
¿Si su norte no será,
y también prestigioso,
otro rumbo, o mi sur?

Yo inicio mi alfabeto de mujer

Ajena a sus metros
propongo otros:

       extraños
       repugnantes
       deliciosos

       otros.

DESATENTADO

Necia de mí, si no supe de tus dolores
de esos viejos ayes acongojando a Verlaine por Rimbaud
a Wilde por el joven Douglas
al Cernuda o a Federico
Necia de mí, si, ciega, obnubilada
no ausculté rabiosos gestos,
mansos ojos,
tu pecho agitado,
los cruces furtivos de hondas
decidoras miradas
               entre tus ojos
            y
                    ojos
de frescos, dulcísimos muchachos...

Nonada. El llanto que usted ha oído ha sido no de hembra dolido.

Fue de súbito, accidental el saberlo
Fue vilipendiosa, disipada la calaña.
Me espetaron:
prustiano
gideano él
Me enrostraron bodrios, crapulosas lenguas largas y dimes y diretes;
mejor sería la ignorancia
¿Mejor?

Tú, oye
Tú, mírame,
esta que está aquí
            completa,
completamente te levantaba estatuas
Esta que está aquí
hubiera digerido tu confesa:
en el tapete las cartas y
voltearlas una por una boca arriba

Esta que está aquí
con cuatro dedos de frente,
los pusiera a tu servicio
a tu venia, al apóyese, hermano.

¿Y qué acuerdo?

Me ufanaba de impertérrita
de ojos claros, mente impávida.
Me decía tu amiga, tu solidaria.

¿Qué hago entonces con este amargo
esta aprensión de sábila
estas uñas a tu cara?

¿Cómo muerdo un amor desatentado?

ELEGÍA HEMBRA

En un pedestal alegrías levanto
y digo basta
basta de ti.
Hasta aquí nos trajo la guagua
Chao, pirulí[44].

De un bloque a otro tiendo lazos
de Caricuao[45] empalmo con El Silencio[46]
a puro gesto alebrestado[47]
y danzo
Asimismo sobre tu conversa
encima de tu paranoia
pues donde no llega amor
ahí me estrello con moto y todo
de *motu proprio.*

De la alegría sobre los hombros
en pendiente hasta el corazón
iluminando
las arrugas de los ojos,
de la alegría quise hablarte
de la amistad
y no entendiste
o mejor
te fue negado verme:

mujer-*dandy*
apretada a los claveles altos de la euforia
lúcida   fánatica   sola
golpeando donde sabe que está tu queja.

No maduró nada
no dejaste que floreara
Guardo mis arlequines para próximas debacles
a mis unicornios también los aguanto
y alegría de lloro derramo
de boleros viejos que no te importaban
de los que mamá cuando en la batea.

Nada pasó y sí.
Palabreo de una noche sólida
de pie como los obeliscos
Noche incólume a cuarenta siglos
Noche visible desde todos los ángulos

como los obeliscos.

Aquí te va sin doblez
el agudo último de
setecientas elegías hembras
Y aquí alzo
todas las copas que ya no compartiremos:
¡A vos!

COMUNIONES

I

"Quise alzar mi voz airada contra ti:
solo cantos de amor me salieron.

Quise llenar de ira mi pluma contra ti:
y solo concebí este poema."

II

Varón, pa' quererlo mucho:

                          mujer.

III

Para ser un mundo
cuentas conmigo.
Para hacer otro Mundo
cuento contigo.

ORACIÓN

En nombre del pubis
y de los senos
y de la santa mente
crezca mujer

Amén.

CERÁMICAS INDIAS

Pájaro poeta

Pájaro poeta con una sola pata en el palo.
Pájaro poeta sin nido.
Pájaro nefelibata
   solo llevando el pico
      cuajado
   de flores.
Pájaro sin pájara.
Pájaro raro hilvanando palabras.
Pájaro retrato.

Merlino o el gurrión

De vos
   pájaro gurrión
      huyo
         huiré.
No se me den
   otra vez
   las ansias de cantar
   como solo vos sabés.

Saltabarrancos

Son de barro tus alas.
Tu cuerpo entero es de barro
    pero aun así
      vuelas.
Del mismo lodo es mi tiempo
    mi nada
      mi sola
        mi cara
    pero aun así
      sueño.

           ❧

Pájaro místico

Temprano se amaron los pájaros.
Temprana me acerco
pájara al pájaro.
    Pájaro místico:
      pongo un dedo en tu corazón
      pongo mi oído en tu
        nido.

           ❧

Nocturno del búho

Para la soledad del búho
cerraron la noche.
Costura de un sastre
    sombrío y perfecto

es esta soledad.
Para esta noche,
llevo un vestido
a la medida de los tecolotes[48].

❧

PÁJARO PARA MORIR

—¿Por qué morís, pájaro para morir?
—Caigo por mi hábitat desbalanceado,
    mártir de la ecología muero.
—¡Ay, pájaro guerrillero,
    pájaro para morir!
    ¡ay!

❧

PÁJARO BURGUÉS

¿Por qué tan flacas tus patas, pájaro burgués?
¿Por qué tu pico insípido, pájaro sin saber?
Cantando estás sin hacer canción,
    pájaro sin color.
 Sola está tu cola
 como la voz de tu boca.
Pájaro burgués:
        Pájaro con un palo
        solo para él.

Arrocero o pájaro íngrimo

Pasan las bandadas de pájaros arroceros,
   están pasando en parejas.
Pájaro solo
   no vuela.
Pájaro íngrimo
     se vuelve guijarro.
   Así
   el canto para el que no hay oído:
     canto que no me oyes
   es canto íngrimo[49].

SERENATA CON LUNA
Homenaje a Julio Max Blanco

> *¡Salud a tío Coyote,*
> *el animal Quijote!*
> *[...] Y el animal diente-quebrado*
> *culo-quemado,*
> *se ahogó en una laguna*
> *buceando el queso de la luna.*
> *Y ahí comienza su gloria*
> *donde su pena termina.*
>
> José Coronel Urtecho

I. Ensayo con toda la orquesta

Enseñada a reverenciar solo a héroes de grandes pectorales,
a peloteros que un desmesurado diciembre apalearon a Cuba,
a boxeadores que empeñaron el cuerpo por un puñado de dólares,
a Charles Atlas que ufanaban sus marchas triunfales
por la calle 15 de septiembre,
señalo, abuela sola de mí, a mi héroe sin fusil:

II. Son de toros

Son las tres de la mañana,
la señorona reclama su bolero preferido

Usted,
director de la mejor orquesta popular de Centroamérica
—los orondos salones donde relumbran lustrosos los atriles azules,

entrelazadas la jota, la eme y la be, así lo atestiguan;
y el sudor feliz y los "me-permite-este-set" halagados
de los que al ritmo suyo se enlazan—

Usted,
recopilador y arreglista de los cantos de La Purísima[50];
—véanse también los sones de Pascua[51] que su pluma firma—,

Usted,
discípulo predilecto del maestro Delgadillo[52]
—ahí está la partitura de "Las mancuernillas de oro"
composición dedicada a usted
puño y letra de nuestro grande clásico—,

Usted,
muy a pesar de todo,
sin embargo,
tan solo
el soplatubas, el rascaguitarras
el azotapianos,
el chichero[53]

Tuerce, usted, entonces el brazo,
tuerce orgullo,
encorva dignidad —sin doblegarla—,
y complace:
1, 2, 3, ¡que arranque la charanga[54]!:
Ven a mi vida con amor
que no pienso nunca en nadie más que en ti[55]

Se aguan sus ojos al sobar el piano,
romancean la viola sus manos de marqués,
cortejan el acordeón

O, con los aires decembrinos,
fabrica su alma sueños de tuba,
agita pecho al teclear bemoles;
cálidas y estilizadas
las semicorcheas y las fugas

Yergue el clarinete,
empina el trombón,
la tuba agacha dócil,
chicheramente corcovea:
Ese toro no sirve [56]
Ese toro no sirve

III. JARABITO SUELTO

¿Supieron esos señorones
la conquista del bueno de Beethoven:
músicos nunca-más-baja-cogotes,
nunca-más-sirve-potentados;
más bien
músicos frente-en-alto, altivos,
aristócratas-del-espíritu, alma-erguidos?
No

No obstante, nunca desquitarse usted a lo chichero,
nunca agarrando aunque sea fallo,
descosidamente;
dar más bien sin ver a quién,
crear,
creer,
abrir el alma como se abre la caja de un violín,
parir purísimas las notas,
purir[57]

IV. Mazurca viejana[58]

Alumbró muy alto el sol
aquel día
en El Viejo
cuando usted nació

Alumbró muy alto el sol
día tras día
en su interior

La noche atrás sin conseguir hacerle sombra

Plumaje el suyo de esos
que cruzan por el fango y no se mancillan

Manso el corazón de usted, coyote aullador,
de usted, manso hermano de los mansos

V. Flauta sola

Tío Julio, tío Coyote,
burlado quijote,
¡cuántos quesos de luna
se creyó usted!
¡cuántas lagunas se bebió usted!
¿cuántos palos recibió
por los caminos de los pueblos sin caminos,
cuando
traqueteando
la camioneta lo llevaba
a la fiesta regional?

VI. Kirieleisón

La vieja Managua y usted,
usted y su vieja Managua,
¡apagarse como esta:
roto de corazón,
sangrado de espíritu!

¡Su vieja Managua!
Managua, Nicaragua is a beautiful town[59],
tenía mi burrita,
mi vaquita y mi buey

Del Arbolito dos cuadras a la montaña...
      De Montoya una cuadra al lago[60]...

la Managua llena de repartos y barrios cuyos nombres recordaban
a los parientes de los Somoza o a los mismos Somoza:
el Colegio Primero de febrero (por el cumpleaños de Somoza I),
la Colonia 5 de diciembre (por el cumpleaños de Somoza II);
el Parque Lilian (en honor a la hija y hermana);
la Colonia Salvadorita (dedicada a la esposa y madre);
el Estadio Somoza (con el caballo de Somoza I) y así...

la Managua de los Somoza
        mas también su Managua
esa Managua de espaldas al lago y fea
        mas también su Managua

la Managua suya
esa Managua
dando paso hoy al "progreso" de la autopista,
del parqueo,

del centro comercial,
de los huelepegas[61],
de los prostituniños

Herida el alma,
aguados los ojos...

Pero, señores: la función debe continuar

VII. Canto de Purísima

Mi violín de talalate[62] lo saluda,
héroe espiritual,
héroe alfeñique,
héroe-sin-caja-pectoral

(Posada como un suspiro sobre el acordeón,
su mano tersa se abre y
alcanza una octava gozosa
que llega hasta mí):

Quijotes somos
y este camino andamos
Quijotes andamos
y este camino somos
Sabido entre nos:
perdiendo se gana
En pocas palabras:
la vida se anda con la guardia baja

VIII. Coda

La derrota qué importa, Quijote
Si revienta, ¡al saco, Coyote!
Qué peaje tan parco
si en su caminar soñó que rozaba la luna

ANCESTRAS

Cuando al mirarme en el espejo,
veo en mi cara el rostro de mi madre
crezco en tiempo.
Me ilumino inmensa.
Unidos a esa cara
se asoman
se anudan
se suman
el ombligo de mi abuela
de su madre
de la abuela de mi abuela
de la Luna
de la Madre Tierra.

BOLERO

Pues sí,
sigo y me veo igual.
No me han cazado.
Lo arisco aún me dura o el parapeto sigue conmigo.
Todavía corcovea mi cuerpo a caballo
y oigo boleros, trajino diccionarios,
las serenatas bullen dulzonas en mis oídos
y sumo y multiplico (muy lejos el dividir o el restar).
¿La misma todavía, idéntica Yolanda?
Digo, es mi decir.
Pero, ¿a tus ojos igual?
¿A la luz de diez años igual?

Dándoteme en exacta palabra,
digamos que ya los años comienzan a trabajarme:
ve mi copete, mi pava[63] con canas
ve esta línea rondándole a mis ojos,
—perceptible pata de gallo si hay luz brava—
¿soy yo la tu muchacha apretada a tu abrazo?
¿Quepo en tu idea de mí?

De por medio: carretas de días acontecidos,
distintos soles, separadas nubes,
muy otros los acentos,
ajenos el pan, la mesa de estudio
y ni un asomo que afiance o aleje.

Muchacho que fuiste amarrado a mi baile,
¿es este el mismo bolero?
¿es esta aquella guaracha?
¿Soy yo, sos vos?

En el haber tenemos:
las fiestas de la UNAN[64],
las guitarras que abrazamos,
esos rones y textos preguntados,
el Coyolar[65], el atrio de Zaragoza,
León entero.
Ayer en León, vos y yo.
Vos, funcionario sandinista,
yo, oficiosa de la palabra.

Y tanto ¡ay! que nos reclama:
mi lunar de canas,
tu mujer, tu panza indomable
y esta nunca más siempreverdeante juventud
                    desdibuján-
                         donos.

COPLA

a Franklin, Ramiro, Francisco,
Juan, Fanor, Guillermo,
Jorge Eduardo, Danilo

Mis amores de los setenta
están cumpliendo sesenta.
Ya echan barriga,
ya peinan canas...

Yo sigo oyendo sus guitarras.
El latir de la Nicaragua grande que moldeábamos despiertos
el poema
el Darío
el Sandino
el poeta.

Paso y piso por las calles de León
y los lazos, la Facultad de Derecho,
el Básico y el Paraninfo
se me enciman
llenos de besos de coco, canela y anís.

Mis amores de los setenta
están cumpliendo sesenta.
Algunos apagaditos como florcitas sin agua
—la sal charchaleando[66] en la herida—
quijotes unos buscando molinos
amargados por el exilio muchos
amañados otros con los sandinistas
—la venda aún apretada a la vida—.

Mis amores de los setenta
están cumpliendo sesenta...
¿Qué se fizieron? ¡Nunca!
Mi cabeza busca hacia delante.
Mi corazón voltea y se rezaga...

Son aún mis muchachos.
Soy aún la Yolanda.

REMEMBER

Acaso fuiste Johnny o Peter
o Bill Smith...
Acaso fuiste rubio   acolochonado   bronco
Acaso de ojos suaves...

Nada que sacar en limpio de este gringuito
de ese macho
que llegó jadeante a gastar su noche con las muchachas.
Esas muchachas por Sandino llamadas
                                  "las muchachas".
Prostitutas ellas de la Costa[67]
ajusticiadoras ellas de los invasores que
rubios   lacios   recios
se tendían junto a ellas.
Ellas mismas
—la falda de la bata amarrada a la cintura—
entre risas   chachalacas[68] las muchachas
en silencio   enlutadas por el marido ido
en la mar   buceando   chapaleando
hasta rescatar las armas arrojadas
por los yanquis al fondo del Atlántico.
Ellas   las muchachas.
Esas por Sandino llamadas
                           "las muchachas".

¿Y nada que sacar en limpio, en claro?
¿Nada para agarrar cábula[69]?

Solo que
Johnny   Peter   Bill:
tu novia se te quedó esperando
tu madre cuánto te habrá llorado
pero te equivocaste
confundiste tierra donde luchar
tierra para amar.

245 EAST 11TH STREET

Estuve al lado de la muerte.

Al segundo piso de un edificio situado
donde antes se explayaba un camposanto,
durante cuatro años llamé mi casa.

Ahí, frecuentándolos,
aprendí a llamar de nombre a sus muertos;
a escuchar las voces quejosas y dolidas de los deudos:
los personeros de la época cuando New York
era New Amsterdam;
los entreveros del primer alcalde;
el bucle rubio de Rosy Ann Dogwood (1704-1708),
niña que llegó tan solo a calzar 24;
el hondo azoro de un esposo por Mary Bond Newton
—"abnegada, abnegadísima esposa y madre"—;
hombres de bien; hombres de hogar;
sujetos ajenos al bien decir;
ires y venires;
deseos y quereres bisbiseando ahí
           su solaz o su infierno.

Y esas voces, a veces, subían hasta mi piso,
o, a secas, era mi imaginación avecinándome
           al reino de la Parca.

Y yo, siempre, al final, aflojando el abrazo.

Estuve al borde de la muerte.

De ese mismo edificio,
pálida, seca, palpitando apenas,
salí a finales de una primavera
hacia la sala de emergencias de un hospital.

Pero la Parca, al final, ella esta vez, aflojó el abrazo.

AL *ALIMÓN* SOBRE EL CUERPO Y LA OBRA DE FEDERICO GARCÍA LORCA

Existe en la fiesta de los toros una suerte llamada
"toreo del alimón", en que dos toreros
hurtan su cuerpo al toro cogidos de la misma capa.

FEDERICO GARCÍA LORCA / PABLO NERUDA

Yolanda: Con un beso en la frente

María:[70] y otro en el corazón, Yolanda y yo, amarradas por un alambre eléctrico, vamos a parir y repetir un nombre hasta que su poder lo plante vivo.

Yolanda: Vamos a llamar: Federico, Federico, Federico...

María: de mañana, de noche, desde antes, a las cinco en punto de la tarde: Federico, Federico, Federico...

Yolanda: Poema de la alegría, soneto del amor oscuro,

María: hombre deseado, enlutado naranjo, arrancarte quiero el aliento de limo, las enarcadas cejas del deseo, tus ríos largos de semen.

Yolanda: Poeta más del lado de la muerte que de la filosofía; poeta más cerca del dolor que de la inteligencia; poeta más cercano a la sangre que a la tinta,

María: yo que te he sufrido, que he rasgado mis venas, tigre y paloma, sobre mi cintura, en duelo de mordiscos y azucenas te quisiera.

Yolanda: Poeta lleno de voces misteriosas que afortunadamente ni tú mismo descifras,

María: tú, hombre, dame la muerte. Tú, hombre solo, a mí, ella, dame una muerte pequeña.

Yolanda: Poeta verdadero que sabes que el junco y la golondrina son más eternos que la mejilla dura de la estatua,

María: déjame rozar tus hombros de pana gastados por la luna, tus muslos de Apolo virginal.

Yolanda: Verso cubierto de vello jugando delicadamente con pañuelitos de encaje,

María: déjame hacerte gemir igual que un pájaro con el sexo atravesado por el viento.

Yolanda: Poeta sin vergüenza de romper moldes, sin temor al ridículo o a llorar en medio de la calle,

María: poeta en Nueva York, yo también sé cómo cantas por los ombligos de los muchachos que juegan bajo los puentes.

Yolanda: Poeta afianzado en la roja emoción; poeta de pie sobre la magia; poeta que cortas con desdenes las asepsias y rompes las nueces frías del intelecto;

poeta que de uno y otro lado del Atlántico abres un cauce por donde corre violenta una pasión y otra; cauces donde tu ternura ha sembrado el más perfumado naranjo;

María: tú, Adán de sangre, que buscas un desnudo que sea como un río, un toro y un sueño que junte la rueda con el alga gimiendo en las llamas de tu ecuador oculto.

Yolanda: A ti que te molesta el mito de la gitanería, a ti que de poeta salvaje no tienes nada, a ti que te peinas de azabache y de mañanas;

María: yo sé que silenciosos barcos de esperma te persiguen. Sé que tu rosa no busca la rosa. Sé que tu rosa busca otra cosa. Sé que en las gacelas del amor, cuatro galanes te ciñen del talle. Sé que, ay, por los arrayanes te paseas con el Rey de Harlem.

Yolanda: Yo veo sensualidades salir de tus labios, veo a tu pluma difuminarlas;

María: déjame llegarme a tu casa como llega el verano con los labios rotos,

Yolanda: porque tú nutriste ese grano de locura que todos llevamos dentro, que muchos matan para colocarse el odioso monóculo de lo libresco, y sin el cual es imprudente la vida.

María: Despierta. Calla. Escucha. Incorpórate, amigo. Comprendo que es justo que el Amor te reparta coronas de alegría. El cielo tiene playas donde hacer tu vida y con velludos cuerpos repetirte en la aurora. No levanto mi voz contra el hombre de mirada verde que ama al hombre y quema sus labios en silencio. No levanto mi voz pero te amo.

Yolanda: María Castillo, castellana, comprende y acepta tu acento para siempre oscuro de su claridad, para siempre tenaz y tuyo, delicado Giocondo, poeta, deseado amigo suyo, habitante del Reino de la Espiga.

María: Yolanda Blanco, nicaragüense, te percibe entre los juncos y la baja tarde. Ve claro tu nombre de Federico, tu voz ayer y siempre iluminada, tus soplos de gigante.

Yolanda
y María: Nosotras, melancólicas mujeres mujeriles, en tu homenaje y gloria levantamos nuestros brazos, Federico García Lorca. ¡Que sea!

DE LO URBANO Y LO SAGRADO

a Franklin Caldera

1893.

Rumbo a París, en su primer viaje al reino del Ensueño,
Darío hace escala en Nueva York.
Más que con los rascacielos, con las librerías intima.
Cargado de libros de Whitman y de Poe, vuelve a su hotel.
Precario el inglés de Darío.
Pero así como antes con Whitman,
intuye al Edgardo, lo aprehende.
Y el primero de los "raros" va forjando en su cabeza.

"Quisiera verlo", le manda a decir Martí.
¡Su admirado Martí!
Su admirado Martí lo llama ¡hijo!
Martí lo asombra en la tribuna.
Martí lo embruja con su charla.

Con Gonzalo de Quezada, visita las cataratas del Niágara.
Pero el poderoso chorro no alimenta su numen; lo deja
impávido.
Se atreve con Shakespeare, por quien
—sus "Palabras liminares" mediante—,
junto a Hugo y Dante sabrá exclamar.

Dos meses prolonga su estadía.
Y aun en el vapor en el que parte a su capital del Amor,
va leyendo a los grandes anglosajones.

Lleva una estrella en la mano.
Una sed de ilusiones infinita.

1914.

Europa está partida por la guerra.
Siguiendo un mentado proyecto pacifista,
quiere recorrer América.
Librarse del acoso económico quiere.
Llega a Nueva York en noviembre.
Los vientos son fríos. Los vientos son muchos.
Lo describe un amigo: el rostro terroso,
los ojos perdidos, la sonrisa dolida.
Arrastra el plumaje.

La Hispanic Society of America
le otorga mediocre medalla de plata.
Con adocenados poetastros lo confunde,
con profesores de retórica.
Se siente humillado.
En la Universidad de Columbia, lee "Pax".
Lee con un hilo de voz. Lee para él solo.
Apenas lo escucha el escaso público, unos cuantos latinoamericanos.
Pulmonía.
"Yo lo recuerdo, presa de terrores,
con la mirada de águila, extraviada,
con no sé qué, animal o primitivo
que buscaba rincón donde morirse",
recuerda Salomón de la Selva.
Su misión de paz fracasa. No más invitaciones a dictar conferencias.
En la calle 47, haciendo ahorros y
yendo a diario a comprar los ingredientes, él mismo cocina.

"Nunca he comido platos más sabrosos"
—cuenta Bermúdez, su nefasto acompañante de gira.

De Nueva York partirá a Guatemala,
¡cuánto más lo hará sangrar el dictador Estrada!
De ahí buscará la tierra matria donde acostarse.
Y cómo será larga su agonía...

1922.

Una noche, dos poetas.
Toda la noche yendo y viniendo en un *ferry*.
Él, Salomón de la Selva.
Ella, Edna St. Vincent Millay;
la llamada Lady Byron,
la que representaba para los estadounidenses
lo que Gabriela y Juana y Alfonsina para América Latina.
La poesía en carne viva.

Toda la noche, la pareja yendo y viniendo en el *ferry*.
Van de Manhattan a Staten Island,
de Staten Island a Manhattan.
Van a encontrarse con un amigo, Edwin Markham.

Ella dejó un recuerdo de esa noche.
En español lo tituló.
Precisamente, "Recuerdo":
"We were very tired, we were very merry.
We had gone back and forth all the night in the ferry."
"Estábamos muy cansados, estábamos muy alegres.
Toda la noche la pasamos yendo y viniendo en el ferry",
la versión española de José Coronel Urtecho.

Salomón de la Selva,
el mismo que publicó *Tropical Town and other poems.*
Su poema titular, "Tropical Town",
que el poeta de "El hombre de la azada", Markham,
incluyó después en la antología *The Book of American Poetry.*
Fue en 1918, un año después de que Edna St. Vincent
publicara "Renascence" y sentara su fama.
Salomón, el nicaragüense que se dio a fundar
la Nueva Poesía Norteamericana de entonces;
el mismo que se situaba entre los poetas menores
de 30 años de esa época, junto a Stephen Vincent Benet
y la propia Millay.
Don Sal, el nicaragüense don Sol de encendidos oros,
el otro-vanguardista que se dio a inaugurar,
con *El soldado desconocido,*
la poesía de la modernidad en lengua española,
la Vanguardia de espaldas a Europa, la antipoesía misma.

1925.

José Coronel Urtecho aprende inglés
leyendo a los poetas norteamericanos.
Aprende otra realidad: la poesía enfocando la realidad,
la realidad nacional por ende.
Aprende a usar el lenguaje de la calle,
el lenguaje del pueblo.
Aprende a rechazar —como la rechazan también
sus admirados poetas norteamericanos— "la actitud explotatoria
y predatoria, meramente económica del gobierno de EE. UU.".

1949.

Coronel publica su *Panorama y antología*
de la poesía norteamericana.
Más tarde, con Ernesto Cardenal,
Antología de la poesía norteamericana.
Después, otros han editado otras antologías.
Pero entonces, en América Latina, es a través de estas traducciones
que los latinoamericanos asimilan esta otra manera de ver el mundo,
esta otra manera de decirlo.
Y aparecen los Juan Gelman, los Antonio Cisneros,
los José Emilio Pacheco, las Claribel Alegría, etcétera.
El flujo se revierte:
Los poetas latinoamericanos, —el mismo Cardenal—, influyendo
a los poetas de la otra América.
Cumplida la proposición de MacLeish:
"el descubrimiento común de un continente".

1951.

Andando al rápido tránsito de Nueva York:
el "Memorama de Gotham" de José Coronel.
Su "impresión, depresión, opresión o presión" de vivir en Nueva York.
Cardenal lo acompaña.

Cardenal en Columbia.
En la tienda Woolworth en Broadway, por la 102,
una dependienta de 17 o 18 años.
Ávidas señoras la acosan. Está cansada.
El día entero ha estado de pie. Es la hora de cierre.
Por la entrada de la tienda, Cardenal que se asoma.

Pasea sus 23 años.
La muchacha lo divisa "y al instante transforma
lo adusto en risueño".
Se sonríen.
"En vez de ese trabajo, hubiera podido estar haciendo películas",
dice Cardenal de la muchacha.
Esta ha debido pensar lo mismo del poeta: "Muchachas
que algún día leáis emocionadas estos versos
y soñéis con un poeta...".

Coronel y Cardenal "buscando el aire libre
y la ilusión del campo en Central Park".
Cardenal y Coronel divisando desde el apartamentito de
                                        [Cardenal,
cerca del Riverside Drive, vistas del Hudson,
"vistas calmantes como una siesta".
Los dos viviendo la desintegración en el "fabuloso Gotham,
el monstruo de siete millones y medio de cabezas y bocas,
quince millones de ojos, treinta millones de extremidades con ciento
cincuenta millones de dedos, consumiendo —microscópico dato—
trescientos veinte mil huevos por hora y ciento veinte litros de leche
por segundo, siendo y haciendo en todo instante todo".

1974.

Cardenal hace y escribe su "Viaje a Nueva York".
La ciudad y el país despiertan del sopor.
Watergate en las planas de todos los periódicos.
El poeta llega a recaudar fondos para los damnificados
del terremoto de Managua.
"Yo estuve aquí hace 23 años. Está lo mismo", dice.

La catedral de St. John The Divine.
Encuentro con budistas cristianos, con cristianos zen.
Merton en el corazón y en el recuerdo de todos.
"¿Por qué la sociedad primero y no el corazón
del hombre?
¡Primero es lo interior!", afirma una joven.
Cardenal: "Somos sociales. El cambio social no
es *exterior*".

1985.

Un extraño destino me trae a Nueva York.
Yo que he hablado con los árboles y la lluvia,
yo nefelibata contenta,
¿qué hago en esta desarbolada sabana?

Enterrada bajo el puente de Manhattan,
una olla de barro contiene un espíritu: el mío.
Encuentro entre mi yo y el Yo.
Conexión con una realidad más grande que la mía,
pero en mis adentros.

Cursos de integridad emocional —dice el profesor
Robert A. F. Thurman, en su cátedra de
Estudios Orientales de la Universidad de Columbia—. Antes de
graduarse, todo universitario debe aprender a *vivir*.
Las universidades nos preparan solo para ser grandes negociantes.
No enseñan a escuchar el silencio.
El silencio de la paz interior.
El silencio de ese espacio sagrado que llevamos dentro.
Éxito en cualquiera de los campos o compartimientos del
                                        [pensamiento.
Eso es lo que nos da la academia.

Así ahonda aún más la división
en la que el pensamiento dualista separa al ser humano.
Por un lado la mente; por el otro, el cuerpo.
Nos saca fuera de nosotros mismos,
nos saca para perdernos de nosotros mismos.

Otra visión ofrezco:
al prepararse para dominar una técnica,
recibir también educación para la vida.
Aprender a *no ser dividido*.
Ser *ser integrado*.

El arte cumple esta función.
La poesía, en este caso, forma de expresión
que permea todos los espacios de la psiquis.
El poeta: ser integrado, unido.
La poesía: brotando de la luz interior del poeta,
haciendo resonar ideas, emociones, lo vivo del lector.
La poesía: dándonos la mano.
Extendiéndonos la mano para ayudarnos a subir a niveles más altos.
Reflejando un momento de exaltación de lo divino,
expresando la comunicación con lo sagrado.
El lector, entonces, identificándose con ese espacio.

En la televisión, por otro lado, el ser humano "normal",
el de los episodios del noticiero,
el personaje de los *sitcoms*.
Igual caso la poesía que transmite fórmulas, zumos cerebrales:
Poesía que solo busca divertir o ser aguda, ahí mismo deja al lector.
Copia del nivel que se vive a diario —el que trajina las calles y los
[noticieros—,
a esa misma altura estanca al lector.
Convencido acaba este de no ser más:

Ser dividido, inexorablemente desarraigado, alejado de su centro.
Insultada la inteligencia.
Rebajada la divinidad.

Y los científicos invalidan los textos poéticos
porque ellos mismos no viven una vida integrada.
El texto más antiguo de medicina,
El libro de medicina interna del emperador amarillo, poesía.
Al igual que Einstein, los antiguos taoístas
explicaban en sus textos lo ilusorio del tiempo.
Ubicaban las diversas situaciones
dentro del sistema de espacio-tiempo.
La energía sostiene la vida y la materia toda del cosmos,
exponían los antiguos textos taoístas.
Y estas teorías se escribieron para transmitir los principios científicos
en un estilo que atrajese la atención
incluso de aquel que no se inclinara por lo científico.
En la antigua China las barreras entre lo artístico,
lo científico y lo práctico no tan demarcadas
ni ofreciendo tal grado de especialización
como las teorías científicas modernas.
Fácil para la persona integrada
mantener un balance en la antigua China.
Lo artístico, lo científico y lo práctico: uno.
Uno lo exterior y lo interior.
Sin esfuerzo para el científico el registro de sus observaciones
en un estilo que hoy llamaríamos poético.
Escribir era *escribir poesía.*
Aval de la unificación de arte y ciencia
que los principios científicos pudieran ser transmitidos
en forma tan imaginativa.
Logro grande de la Edad de Oro de la China.

Pudiera ser que los científicos modernos rechacen
los principios básicos del taoísmo
por estar expresados en estilo poético.
De no científicos los tachan,
de puramente filosóficos, de místicos y primitivos.
Pero este rechazo desmiente un mayor grado de objetividad
de parte de la ciencia moderna.
Brechas muestra entre las ciencias y el arte de vivir verdadero.

Transcendencia mediante la poesía,
conexión con la realidad más grande,
comunicación con esa realidad que llevamos dentro
vayamos pues estableciendo.

Un juego iraní: *Moshaereh*.
Moshaereh: en compañía de la poesía.
Un verso de Rumi alguien decía.
Y brotaba otro verso de la boca de otro alguien,
empalmando con la última palabra
que había dicho el cantor anterior.
Enlazaban verso con verso.
Y por horas continuaban.
Ensartaban como cuentas los poemas de Rumi,
los de otros, los poemas de Hafiz.
Tejían el tiempo con versos.
La trama de la comunidad tejían con poesía.
Y la comunidad vivía.

Antes del Reino de la Televisión esto.

"Hoy por hoy, Rumi el poeta más vendido en EE. UU.",
reza *The New York Times*.

¿Enderezaremos rumbo?

Amigos, entre más crecida la oscurana afuera,
más lumbre la lumbre nuestra.

RESISTENCIA DE ÁRBOL

1

en el tronco del árbol,
se hace espejo
el tiempo.

en el tronco del árbol,
se hace tiempo
el viento.

2

de soledades y
          viento
—sola ante el sol—
solo ante el sol
recupero mi siendo.
se apaga el verano
igual que los pájaros;
ya viene tostando el otoño.
ahora son grillos los que hablan.

se acalla mi casa
se envuelve de mantas;
instalo un leño en mi alma.
ahora es el tiempo que aguarda.

3

en el otoño,
no se escafandra
de miedo,
esperando el invierno,
el crisantemo.
en el invierno,
no cuestiona
su abrigo
el cardenal.

¿de dónde entonces
esta piel
sin paz de tiempo?
¿este yo
dudando de invierno?

4

porque lo busco,
lo pierdo.
porque lo atesoro,
lo suelto.

5

viento de invierno;
viviendo de cebada.
sin voz.

viento de invierno;
viviendo de cebada.
sin vos.

6

buscando la luz,
topo la oscuridad.
resuelta a la oscuridad,
salgo a la luz.

ante la intemperie,
ante el aguacero,
ante la ventisca
y las nieves:
resistencia de árbol
        requiero.

NOTAS

1 Teotecacinte, Cusmapa, Tepesomoto, Cuspire, Saslaya, Sinecapa, Tule, Yaoya, Mayales, Macuelizo, Ciminguasca, Alcayán, Tisey, Totumbla, Güisisil, Yeluca, Apají, Nandasmo: lugares o accidentes geográficos de Nicaragua; toponimia de raíces indígenas.

2 Capote: impermeable.

3 Lama: musgo.

4 Guacal: recipiente que sirve para beber y se fábrica partiendo por la mitad un jícaro, o fruto del árbol homónimo.

5 Coludo: helecho

6 Mimbro: fruto de color verde que no se genera de las ramas del árbol sino del tronco mismo.

7 Pitahaya: fruta tropical originaria de Centroamérica.

8 Cepa: cepa de banano.

9 Guarumo: árbol de zonas tropicales cuya copa tiene forma de sombrilla.

10 Mamey: fruta muy suculenta, nativa de México y Centroamérica.

11 Desmoronable: que puede derretirse.

12 Ceibo: árbol de frondosa copa y tronco enorme. Los mayas lo consideraban sagrado.

13 Malinche: árbol de flores anaranjadas o rojas encendidas, conocido también como flamboyán o ponciana.

14 Madreselva: planta trepadora que da flores blancas y rosadas muy olorosas.

15 Alusión a una rima que dice: "San Isidro Labrador, quita el agua y pon el sol".

16 San Fernando de Masaya, San Juan de Limay, San Francisco de Quajiniquilapa, San Sebastián de Yalí: pueblos de Nicaragua cuyos nombres evidencian el eclecticismo preponderante en América Latina.

17 Chirimía: instrumento musical de viento, hecho de madera.

18 Tigüilote: árbol nativo de Centroamérica, de cuyo tronco torcido se fabrica una cantidad de objetos. Su fruto, casi transparente cuando madura, es dulzón y pegajoso.

19 Cortés: árbol de espléndidas flores amarillas que junto al malinche abunda por los caminos de la zona del Pacífico de Nicaragua. Es curioso que ambos nombres aludan al conquistador Hernán Cortés y a Malinche, la mediadora entre la cultura náhuatl y la española.

20 Amarillando: amarilleando.

21 Nindirí, Telica: municipios de Nicaragua. El Telica es también un volcán activo.

22 Sacuanjoche: flor nacional de Nicaragua. Se presenta de variados colores.

23 Jilinjoche: árbol de flores rosadas y blancas.

24 Calpulli: agrupación que constituía la unidad fundamental de la sociedad en la Mesoamérica prehispánica.

25 Gofio, bienmesabe, hojaldre: dulces tradicionales nicaragüenses.

26 Chorotegas: pueblo indígena del pacífico de Nicaragua, junto a los nicaraos.

27 Garand: rifle usado por la Guardia Nacional de Nicaragua.

28 Güis: pájaro de pecho amarillo y cabeza negra, conocido en otros países como bienteveo y cristofué.

29 Crique: quebrada, riachuelo.

30 Kuskawás: cerro de Matagalpa, departamento del norte de Nicaragua, cuya población sufrió el horror de la represión somocista en la década de 1970 y que continúa siendo masacrada tras la sublevación popular de abril de 2018, por la dictadura militar Ortega Murillo.

31 Aliño: bienes que se reúnen para hacer viajes o jornadas largas; preparación.

32 Malvavisco: dulce esponjoso.

33 Quince de septiembre: fecha en la que se celebra la Independencia de Centroamérica.

34 Sutiabas: uno de los pueblos indígenas de Nicaragua que se ubicaron en el actual departamento de León.

35 Acidulce: agridulce.

36 Roja: enrojece.

37 Mosta: haz mosto.

38 Salacidosa: salaz.

39 Acahualinca: barrio marginal de la ciudad de Managua, muy pobre y desvalido.

40 Paraparos: localidad situada en el estado Anzoátegui, en Venezuela.

41 Sinaloa: uno de los 31 estados mexicanos.

42 Rafaela Herrera: heroína nacional nicaragüense que a sus veinte años defendió con éxito contra la invasión inglesa de 1762 el Castillo del río San Juan.

43 Luisa Cáceres: heroína que encarna la lucha por la libertad durante la independencia de Venezuela.

44 Chao, pirulí: expresión para despedirse burlonamente.

45 Caricuao: distrito de Caracas.

46 El Silencio: zona ubicada en el centro de Caracas.

47 Alebrestado: alborotado.

48 Tecolote: ave nocturna parecida al búho.

49 Íngrimo: solitario, abandonado.

50 La Purísima: fiesta en la que se reza y canta a la Virgen y se reparten dulces y bebidas. Se celebra desde finales de noviembre hasta comienzos de diciembre.

51 Son de Pascua: música festiva decembrina en honor del Niño Jesús.

52 Luis Abraham Delgadillo (1884-1961) fue un compositor de música clásica y director de orquesta nicaragüense. Obras como su Sinfonía Indígena, Suite Teotihuacán y Sinfonía Incaica lo posicionan como uno de los compositores y pianistas más importantes de Latinoamérica.

53 Chichero: músico que pertenece a una banda de instrumentos de viento y percusión.

54 Charanga: banda de música formada por instrumentos de viento y percusión. A diferencia de los chicheros, esta banda es más internacional.

55 Fragmento de "Sinceridad", bolero del compositor nicaragüense Rafael Gastón Pérez, pieza emblemática del repertorio romántico latinoamericano. Pérez formó parte de la Orquesta Julio Max Blanco durante unos años.

56 "Ese toro no sirve": estribillo de un son de toros, música tradicional nicaragüense que se ejecuta con instrumentos de viento.

57 Purir: hacer que las cosas se vuelvan puras.

58 Viejana: que proviene de El Viejo, ciudad del departamento de Chinandega, en Nicaragua.

59 "Managua, Nicaragua": canción de Irving Fields que forma parte de la banda sonora de la película "El tercer hombre", y llegó a estar catalogada entre los éxitos radiales de 1947 en EE.UU.

60 Del Arbolito...": manera de dar direcciones en Managua y cuyos puntos de referencia son el Lago Xolotlán al norte y la montaña, al Sur.

61 Huelepegas: niños de pocos recursos que se drogan con pegamento.

62 Violín de talalate: tipo de violín que se fábrica únicamente en Nicaragua y cuyo sonido es más agudo que el del violín tradicional.

63 Pava: flequillo.

64 UNAN: Universidad Nacional Autónoma de Nicaragua, la universidad más antigua de Nicaragua. Su sede original, la de León, fue fundada en 1812.

65 Coyolar, Zaragoza: barrios de la ciudad de León.

66 Charchaleando: hablando.

67 Costa: nombre con el que los nicaragüenses se refieren a su litoral del mar Caribe.

68 Chachalaca: ave gregaria y gárrula.

69 Agarrar cábula: seguir como ejemplo.

70 El nombre completo de la autora es Yolanda María Blanco Castillo y, en este poema, la poeta se desdobla en sí misma asumiendo su segundo nombre y apellido, en homenaje a García Lorca.

ÍNDICE

Apariencia de árbol
de Yolanda Blanco,
compuesto con tipos Montserrat
en créditos y portadillas, y DGP
en el resto de las tripas,
bajo el cuidado de Dani Vera,
se terminó de imprimir
el 24 de mayo de 2024,
ese mismo día se celebra el Día Internacional
de las Mujeres por la Paz y el Desarme.

LAUS DEO